AF279392

NOELIA ABAD PARREÑO

APULEYO EDICIONES   FOMENTO DE VALORES   CUENTOS ILUSTRADOS

EN UN MUNDO TRIANGULAR, QUÉ DIFÍCIL ES SER CÍRCULO

APULEYO EDICIONES   FOMENTO DE VALORES   CUENTOS ILUSTRADOS

Le quiero dar las gracias, sobre todo, a mi madre, ya que, gracias a que siempre ha confiado en mis ilusiones, esta historia, que una niña de 12 años escribió, por fin se ha podido publicar.

Gracias, mamá, por confiar en mí cuando nadie más lo hizo.

En un mundo triangular donde todo tenía la misma forma, una mujer llamada Triangulina se enamoró de Triángulo, un hombre fuerte, simpático y valorado por los demás.

Después de varios años juntos, Triángulo pensó que era el momento de casarse, así que, ilusionado, fue a comprar un anillo de compromiso, el más bonito de la tienda, un anillo de plata con un pequeño diamante brillante.

Triángulo estaba muy nervioso, pero estaba tan ilusionado que se hizo el valiente y, en cuanto llegó a casa, se puso de rodillas delante de Triangulina y le dijo:

—Triangulina, me harías el triángulo más feliz del mundo si te casaras conmigo, ¿quieres ser mi esposa?

Ella, que no se esperaba nada, le dijo emocionada:

—¡Claro que sí, me encantaría!

Así que, unos meses después se casaron e hicieron una gran fiesta, con todos sus familiares y amigos, y, al poco tiempo, decidieron tener familia y Triangulina se quedó embarazada. Ambos estaban superilusionados.

A las pocas semanas de embarazo le realizaron la primera ecografía y el médico les dijo:

—Este niño o niña es muy especial.

Los futuros padres quedaron sorprendidos, por supuesto que su hijo sería especial, pero ¿hasta el médico se había dado cuenta ya?

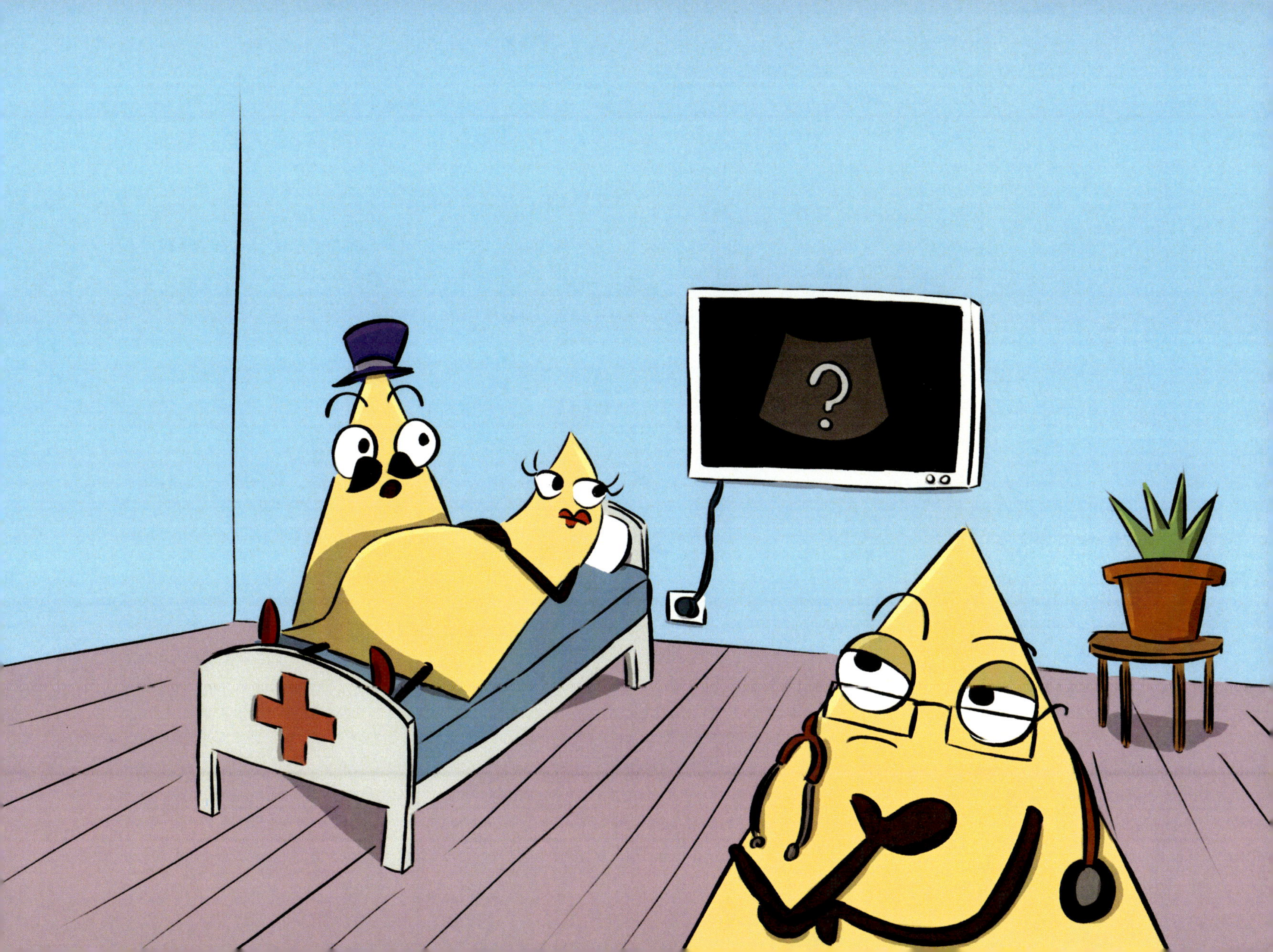

El médico dijo que el bebe sería especial porque en la ecografía no se podía ver ninguna esquina puntiaguda. Y es que, recordemos, vivían en un mundo de triángulos.

Cuando meses después Triangulina por fin se puso de parto, los dos padres estaban muy ilusionados y nerviosos, estaban deseando conocer a su hijo.

Fue un parto sencillo comparado con lo que suelen ser los partos de triángulos, pero, cuando la médica cogió al bebé en sus manos, pegó un fuerte grito, dejó al niño en brazos de su madre y salió de la habitación sin dar más explicaciones.

Triangulina se quedó muy sorprendida por la reacción de la médica, pero, en cuanto miró a su bebé, que lo tenía en brazos, entendió por qué la médica se había ido, asustada. Su hijo no era un triángulo... ¡Era un círculo!

Triangulo y Triangulina se miraron asustados, no entendían por qué su hijo era diferente, así que Traingulina decidió ir a ver a la médica para que le explicara el motivo y si eso podía ser un problema.

La médica solo les dijo:

—Ya te dijimos que este niño era muy especial.

Triangulina le respondió:

—Ya, pero yo no me esperaba esto. Esto es muy raro, me esperaba otra cosa...

——Bueno, da igual, Triangulina, es tu hijo. Llévalo a casa y cuidadlo lo mejor que podáis.

Y así es como una familia de triángulos de repente se encontró
en casa con un niño círculo, totalmente diferente a ellos, y
tuvieron que aprender a cuidar a una persona diferente a lo
que siempre habían conocido.

A los pocos días, la familia llegó a casa de Triangulina y Triángulo para ver al bebé, los dos estaban asustados por las posibles reacciones de los familiares. Ellos querían mucho a su hijo, pero tenían miedo de que el resto de la familia no lo aceptara.

—No entréis en la habitación del niño; no es lo que esperáis.

A nadie de la familia le importaba lo que dijeran, todo el mundo quería ver a ese niño.

Toda la familia entró en la habitación y se acercaron a la cama del bebé. De repente, todos exclamaron:

—¡¡¡Haaaaaaaaaaaaa!!! ¡¿Qué es esto?!

Triangulina cogió a Circulito y gritó:

—¡Fuera todo el mundo de mi casa!

Después de ese momento, Triangulina dejó de llevarse bien con su familia, no podía entender que no aceptaran a su hijo, que era lo que ella más quería del mundo entero.

La infancia de Circulito no fue fácil porque todos lo miraban raro, y la cosa fue a peor cuando a los seis años pasó a primaria.

Siempre volvía llorando a casa porque todo el mundo se metía con él por ser un círculo y no un triángulo.

Llegó un momento en el que Circulito estaba harto de que todo el mundo se metiera con él; no era su culpa ser diferente.

Un día llegó una niña nueva a la clase, se llamaba Rectangulina. En el momento en que ella entró por la puerta de clase, Circulito se puso muy contento al ver que no era el único en el mundo que no era un triángulo.

Con Rectangulina también hacían burlas, al igual que con Circulito, solo por ser diferente. Así que, un día, Circulito se acercó a Rectangulina con una sonrisa de oreja a oreja y le dijo:

—Hola, soy Circulito.

—Hola, yo soy Rectangulina.

—¿Quieres ser mi amiga? —le preguntó Circulito.

—Sí, claro que sí —le dijo Rectangulina, que estaba muy feliz de tener un nuevo amigo.

Desde ese momento, los dos eran los mejores amigos del mundo. Eran inseparables y, por fin, ninguno volvería a estar solo nunca más, ya que se tenían el uno al otro.

Circulito se dio cuenta de que los dos eran exactamente iguales, eran simpáticos, alegres y buena gente, aunque nadie lo sabía porque no se molestaban en hablar con ellos.

Pasaron los años y cumplieron los dieciséis. Ya estaban en cuarto de la ESO, el último año en el colegio en el que estaban, y Circulito y Rectangulina se hicieron pareja, eran inseparables.

Después, Circulito entró en la universidad y empezó a estudiar para ser ingeniero y Rectangulina para ser profesora en un colegio infantil. Al terminar de estudiar, encontraron trabajo y cuando cada uno ya ganaba su dinero, decidieron casarse. Circulito le dijo a Rectangulina enseñándole un anillo de compromiso:

—Rectangulina, ¿te querrías casar conmigo?

—¡Sí quiero!

A los pocos meses celebraron la boda en su casa, solo con la familia más cercana, ya que nadie quería asistir porque no eran triángulos.

Al poco tiempo decidieron tener un hijo, no pudieron saber qué forma tendría, así que cuando nació, fue una sorpresa para ambos.

El bebé nació en casa, sin ayuda de un médico. Desde el comienzo del embarazo se preguntaban qué forma tendría su bebé. Estaban ansiosos por saberlo y, para su sorpresa, resultó ser que tenía forma de infinito. Por supuesto, lo llamaron así, Infinito.

Ellos estaban muy contentos y orgullosos de su hijo, salían
a pasear todos los días y un día, una periodista que estaba
grabando una noticia con su equipo de televisión les preguntó:

—¿Puedo ver al bebé?

Rectangulina le dijo que sí. En ese momento la periodista dijo a
su compañero:

—Empieza a grabar, ¡este niño es único!

Después de ese día, Infinito se hizo famoso porque, gracias a aquella periodista que le grabó por televisión, todo el mundo lo conocía y todo el mundo tenía curiosidad por saber quién era porque era un infinito; qué tenía de especial; por qué era diferente, etc.

Después de unos años, Infinito se enteró de lo excluidos que habían estado sus padres durante su infancia. Para Infinito era extraño, ya que para él había sido todo lo contrario, todo el mundo quería conocerlo y, al final, era distinto al resto, como sus padres. No entendía por qué la gente sí se interesaba por él, pero no lo hicieron con sus padres.

Y es que, al final, lo distinto no tiene por qué ser peor, quizá nos sorprendería lo extraordinario que puede llegar a ser.

EN UN MUNDO TRIANGULAR, QUÉ DIFÍCIL ES SER CÍRCULO

NOELIA ABAD PARREÑO

APULEYO EDICIONES   FOMENTO DE VALORES   CUENTOS ILUSTRADOS